당 신 이
보지 못한
희귀 사진

|2|

전통과
사람들

Tradition and People

伝統と庶民

傳統與庶民

목차

195 조선 시대 사람들

Contents

目次

目錄

서문

쉬충마오

전통과 문화는 인류의 경험에 의해 형성되고 민족성을 만들어 낸다. 세월이 흐르면서, 그것들은 쓸모없는 것들은 버리고 중요한 것들은 간직하며 진화한다. 이런 변화는 저절로 일어나는 것이 아니라 새로운 시대의 도전 속에서 마찰과 접촉을 주고받는 과정인 것이다. 그러나 새로운 시대는 새로운 파괴와 상실을 일으킬 수도 있다는 문제점을 수반하기도 한다. 따라서 잃어버린 전통적인 문화와 가치는 민족의 주체성과 부흥을 위한 토대로써 복원될 수도 있다. 전통문화의 진화는 직선적인 과정이라기보다는 차라리 진보와 퇴보의 구불구불한 경로인 것이다.

이 책은 조선 왕조의 유교적 의례와 궁중 생활을 보여 주는 옛 풍습으로 시작하는데, 실제적인 의식을 포함했을 뿐 아니라 심오한 전통적 가치들을 체현한 것이기도 하다. 정치체제의 계급구조를 확정하는 것 외에도, 이런 풍습은 사회적 역동성, 가족, 대인관계의 윤리 등의 본질과 관련되어 있기도 하다. 시대가 변하고 환경도 바뀌었지만, 그것은 오늘날의 현대 한국 사회의 기능에 여전히 심오한 영향을 주고 있다.

다음은 전통적인 농업과 상업이다. 한국은 농업에 기반을 둔 나라였다. 농민들은 생계를 위해 땅을 일구었다. 그들은 해가 뜰 때부터 질 때까지 일했으며, 소규모 농업과 축산업에 종사했다. 그들은 혈통과 상속이라는 보수적 가치들을 유지하며, 조상에게서 물려받은 땅을 지켜나갔다. 제조업은 대체로 소규모 수공업이었고, 상업은 농작물과 가내수공업 제품을 통해 이루어졌으며, 도시 지역에는 시장, 가게, 노점상 들이 들어섰다. 이런 민중적인 농업 및 상업 활동은 서민층의 모습을 드러낸다.

서민들의 삶에서 전통적 주거 형태는 전통적 촌락의 모습을 나타낸다. 지주층과 가난한 소작농의 재산과 사회적 지위가 각자의 주택에 반영된 것이다. 일제강점기 동안, 식민지 건설과 의도적인 한국 전통문화 파괴로 인해 도시 경관이 심각하게 변형되었다.

이 책에는 그 시대 서울의 도시 경관을 보여주는 여러 사진들이 담겨 있는데, 이전된 광화문, 파괴된 성곽과 경복궁, 새로운 정부종합청사, 1910년의 서울 전경이 포함되었다. 이런 삽화들은 전통적인 도시의 풍경과 일상이 그 시대의 독특한 환경에 의해 어떤 영향을 받아 커다란 변화를 겪게 되었는지 묘사하고 있다.

무명 사진작가들의 작품들이 수록된 마지막 장 '조선 사람들'을 제외한 이 책의 나머지 부분은 식민지시대의 일본어 간행물들이나 무명의 일본 사진작가들이 남긴 역사적 사진들을 담고 있다.

그 시대의 역사적 맥락을 보면, 그런 작품들은 일본의 통치를 위해 한국의 지리환경과 민속을 연구하려는 일차적인 목적 아래 조선총독부(식민정부)의 규제를 받았다. 따라서 이는 순수한 학문적 조사라기보다는 정치적 통치라는 특정한 의제에 부합하는 것이었다.

하지만 식민정부의 독점적 권력에 의해, 한국의 인문과 지리에 관한 연구는 그 시대의 유일한 기록이며 여전히 객관적인 사료적 가치를 지니고 있다. 따라서 우리는 오늘날 한국인들의 관심사에 영합하고 지리환경, 건축, 복식, 음식 등 조상들이 어떻게 살았는지를 이해하기 위해 그것들을 해석하여 소개한다. 이는 문화 재창조를 위한 영감의 연속된 원천이다.

INTRODUCTION

HSU CHUNG MAO

Tradition and culture are formed by human experience and shape the characteristics of a people. They evolve over time, discarding what is useless and retaining the essential. This change does not happen spontaneously but is a process of give and take that arises from constant friction and contact amid the challenges of a new era. However, the new era also carries its own drawbacks, potentially resulting in new destruction and loss. And so, lost traditional cultures and values might also be reclaimed, serving as the foundation for national self-identity and revival. Hence, the evolution of traditional culture is not a linear process, but rather a winding path of progress and retreat.

This book begins with ancient customs, showcasing the Confucian rituals and courtly life of the Joseon dynasty, which not only encompass tangible ceremonies but also embody deep traditional values. Besides determining the hierarchical structure of the political system, these customs also relate to the essence of social dynamics, family, and interpersonal ethics. Despite the changing times and shifting circumstances, they still profoundly influence the functioning of contemporary Korean society today.

Next, traditional production and commerce. Korea was built on agriculture. Farmers cultivated the land for their livelihood, working from sunrise to sunset, engaging in small-scale agricultural and livestock enterprises; they held on to ancestral lands, maintaining conservative values of lineage and inheritance. Manufacturing primarily consists of small-scale handicrafts, while commercial activities revolve around the trade of agricultural and cottage industry products, with urban areas dotted with markets, shops, and roadside vendors. These grassroots agricultural and commercial activities reflect the common people.

In the life of the common people, traditional dwellings reflect traditional rural settlements, where the wealth and social status of landlords and the poor peasantry was reflected in their dwellings. However, during the Japanese occupation, the urban landscape was significantly transformed due to colonial constructions and deliberate destruction of Korean traditional culture.

This book features several general views of Seoul's cityscape during this period, including the relocated Gwanghwamun Gate, demolished city walls and Gyeongbokgung Palace, the new Government-General Building, and a panoramic view of Seoul in 1910. These illustrations depict how traditional urban landscapes and everyday life were impacted by the unique circumstances of the time, resulting in profound changes.

Apart from the final chapter, People of Joseon, which features works by unnamed Western photographers, the rest of the book draws from Japanese-language publications from the colonial period or historical photographs taken by unnamed Japanese photographers.

In the historical context of the time, these works were restricted by the Government-General of Josen (colonial government) with the primary aim of studying the geographical landscapes and folk customs of Korea, in the interests of Japanese rule. Therefore, they were not purely academic research but served a specific agenda of political rule.

However, due to the exclusive power of the colonial government, these studies on Korean humanities and geography were the sole records of that time and are still of objective documentary value. Hence, we feature them while interpreting them to serve the interests of the Korean people today, to understand how our ancestors lived, including geographical environments, architecture, attire, and cuisine. This is a continuous source of inspiration for cultural re-creation.

はじめに

徐宗懋

伝統と文化は、人類の経験の累積であり、民族の特性を形作るものでもある。それは時代の変化とともに、絶え間なく磨かれてゆくものでもある。この変化は水波興らぬ自然発生のものばかりとは限らず、新たな時代に挑戦するなかで、摩擦を衝突を繰り返す中で取捨選択されてゆくものだ。ともあれ、新たな時代においては、新たな破壊と損失も発生しうる。このため、勝て失われた伝統文化の価値が再び見直され、それが民族の自己アイデンティティと復興の基礎となる場合もある。伝統文化の変遷は一本の直線とは限らず、時として曲折と進退を繰り返すこともある。

本写真集は古からの礼俗の写真で幕を開ける。朝鮮王朝宮廷の儒教や礼楽、両班の生活における礼俗は、形ある儀式であるのみならず、伝統的な価値観に深く根差したものでもある。政治体系の階層を決定づけるだけでなく、社会や家庭、人間関係における倫理とも深く関係している。時代が変わり、事物が移り変わろうとも、それらは今日の韓国社会の在り方に深く影響を及ぼしている。本写真集では、伝統な生産と商業も紹介している。農業立国の韓国において、農民は土地に頼って生活をしてきた。日の出とともに田畑に出て、日の入りを待って休息を取る。片手間に小規模な経済作物の栽培や養殖事業に従事し、先祖代々から伝わる土地を代を継いで守るという、保守的な観念のもとで生きてきた。製造業は小規模な手工業が中心で、商業活動は農業と小規模な工業産品の取り引きを中心とするものだった。これらは市場や商店、露天業者として都市に集まった。基層の農業や商業活動を通じて、一般庶民の表情を知ることができる。

庶民生活のなかで、伝統的な住宅には地主や一般の貧しい農民も含む伝統的な農村集落の在り方が映し出されている。住まいには、彼らの富や社会的地位が如実に反映されるものだ。日本によって占領されていた時期、植民建設と韓国の伝統文化に対する意図的な破壊によって都市の風貌は大きく変化した。本写真では、ソウルを遠くから望む写真を複数使い、移転させられた光化門、取り壊された城壁と景福宮、新たに建てられた朝鮮総督府、および1910年に撮影されたソウル全景図を通じて、伝統的な都市の風貌と庶民生活がいかにして特殊な時代の衝撃を受け、いかに大きな変化が生じたかを振り返る。

本写真集は、最後の一章「朝鮮の人物」において無名の西洋人カメラマンの作品を掲載した以外、その残りはいずれも日帝時代の日本語刊行物、あるいは無名の日本人カメラマンによって撮影された歴史的写真を使用している。当時の歴史的背景に即して言えば、これらの作品はいずれも朝鮮総督府の監督と制限の下で撮影されたものだ。それは主に朝鮮の地理や風貌、および民間の習俗を研究することを目的としていた。いわば、日本の統治に奉仕するという特殊な政治統治の目的を帯びたものであり、純粋な学術研究を目的としたものではなかった。しかし、朝鮮総督府が権力を独占していた状況のなかで、これら朝鮮の人文地理に対する研究は当時の唯一の記録であり、客観的に見て歴史文献としての高い価値を具えたものと言えよう。このため、私たちは日帝時代に撮影された写真を使用するとともに、適宜解説を付した。これらを通じて、今の時代を生きる韓国民が韓半島の地理環境、建設、ファッションや飲食など祖先の生活形態を知ることができるとともに、韓国民が豊かな伝統文化から養分を汲み取る上での手掛かりとなるだろう。

前言

徐宗懋

傳統與文化源於人文經驗的累積，形塑了一個民族的特性，而且會隨著時代的演化不斷地去蕪存菁，這個變化並非水波不興、自然地發生，而是在面對新時代的挑戰中，不斷摩擦碰撞的取捨過程。儘管如此，新時代也會有本身的弊端，可能產生新的破壞與損失，因此，曾經喪失的傳統文化和價值也可能會被找回來。作為民族自我認同與復興的基礎。因此，傳統文化的演進並非一條直線，而是曲折進退的。

本畫冊由古老的禮俗開篇，展現朝鮮宮廷儒教禮樂和兩班官員生活禮俗，這些不僅是有形的儀式，也涉及深刻的傳統價值；除了決定的政治體系位階，但關係到社會、家庭和人際倫理的內涵。即使時代更迭，物換星移，仍然深深地影響今天的韓國社會運作。接著介紹的是傳統的生產與商業，韓國以農立國，農民依靠耕種土地謀生，日出而作，日落而息，兼營小型經濟作物和養殖事業，固守著古老的土地，傳宗接代，觀念保守。製造業以小規模的手工業為主，商業活動圍繞著農業和小工業產品的交易，形成遍佈城地區的市集、商店，以及路邊的攤販。這些基層農業和商業活動中，呈現的就是普羅大眾的臉龐。

在庶民生活中，傳統民居表現了傳統的農村聚落，包括地主和一般貧窮的農民，他們的居所反映了他們的財富和社會地位。在日本占領時期，由於殖民建設以及蓄意破壞韓國傳統文化，城市的風貌有了巨大的改變。本畫冊使用了幾張首爾城市的遠望圖，包括被遷移的光化門，被拆除的城牆和景福宮，新建朝鮮總督府，以及一幅1910年拍攝的首爾全景圖，以顯示傳統城市面貌和庶民生活如何受到特殊時代的衝擊，從而產生巨大的改變。

本畫冊除了最後一章「朝鮮人物」使用了佚名西方攝影家的作品外，其餘均採用日帝時期的日文書刊，或者佚名日本攝影家拍攝的歷史照片。在當時的歷史背景中，這些作品受到總督府的限制，主要目的為了研究朝鮮的地理風貌以及民間習俗，為日本統治服務，因此不是純粹的學術研究，而是具有特殊的政治統治目的。儘管如此，由於總督府獨有的權力，這些朝鮮人文地理和研究是當時唯一的紀錄，客觀上仍然具有文獻性。因此，我們仍然採用，同時做出我們的解釋，為今天韓國民族的利益服務，了解先人生活的型態，包括地理環境、建築、服飾和飲食，作為文化再創造得以源源不斷汲取養分的來源。

徐宗懋

전통 의례

Traditional ceremonies

古からの礼俗俗

古老的禮俗

엄격한 훈장이 있는 서당

An old-style study hall with strict teachers

昔ながらの書堂と厳格な夫子

老式書堂與嚴厲的夫子

공자제례의 육일무

A "six-row" traditional dance at a ceremony commemorating Confucius

祭孔典礼の六佾舞

祭孔典禮的六佾舞

서당의 훈장들

Teachers in a study hall

書院の夫子たち

書院的夫子們

유학을 가르치는 훈장

Teachers teaching Confucianism

儒学を享受する夫子

教授儒學的夫子

유학자

Confucian scholars

儒家経学の夫子

儒家經學的夫子

유학자

Scholars of the Analects

論語経学の夫子

論語經學的夫子

양반집 사당에서 지내는 제사

A family ceremony at an ancestral shrine

両班祠堂の家祭

兩班祠堂的家祭

양반집 가족사진

A family photo

両班の家族

兩班家族

환갑잔치

A sixtieth birthday celebration

六十歳大寿の祝典

六十大壽慶典

양반의 제사 의식

Paying respects to ancestors

両班の祭祖儀式

兩班的祭祖儀式

문묘 대성전 제례

A ritual at the main hall of a Confucian temple

孔廟大成殿前の祭典

孔廟大成殿前的祭典

조선의 궁중 악사들

Court musicians during the Joseon Dynasty

朝鮮の宮廷楽師

朝鮮宮廷樂師

문묘에서 아악 연주

Classical music at a Confucian temple

文廟の雅楽

文廟的雅樂

궁중 악사들과 악기

Ancient musical instruments

古樂器

古樂器

예복 차림의 관리

Officials in court dress

両班の朝服

兩班官員的朝服

문묘 제례

A ceremony at a Confucian temple

孔廟の祭祀

孔廟的祭祀

구식 형사재판

An old-style criminal trial

旧式裁判における犯人

舊式審判犯人

가야금을 연주하는 기생

A guzheng from the kingdom of Silla

新羅の古箏

新羅的古箏

양반 집안의 신부 맞이용 가마

A bridal sedan at a wedding

新婦を迎える両班家族

兩班家族迎娶的花轎

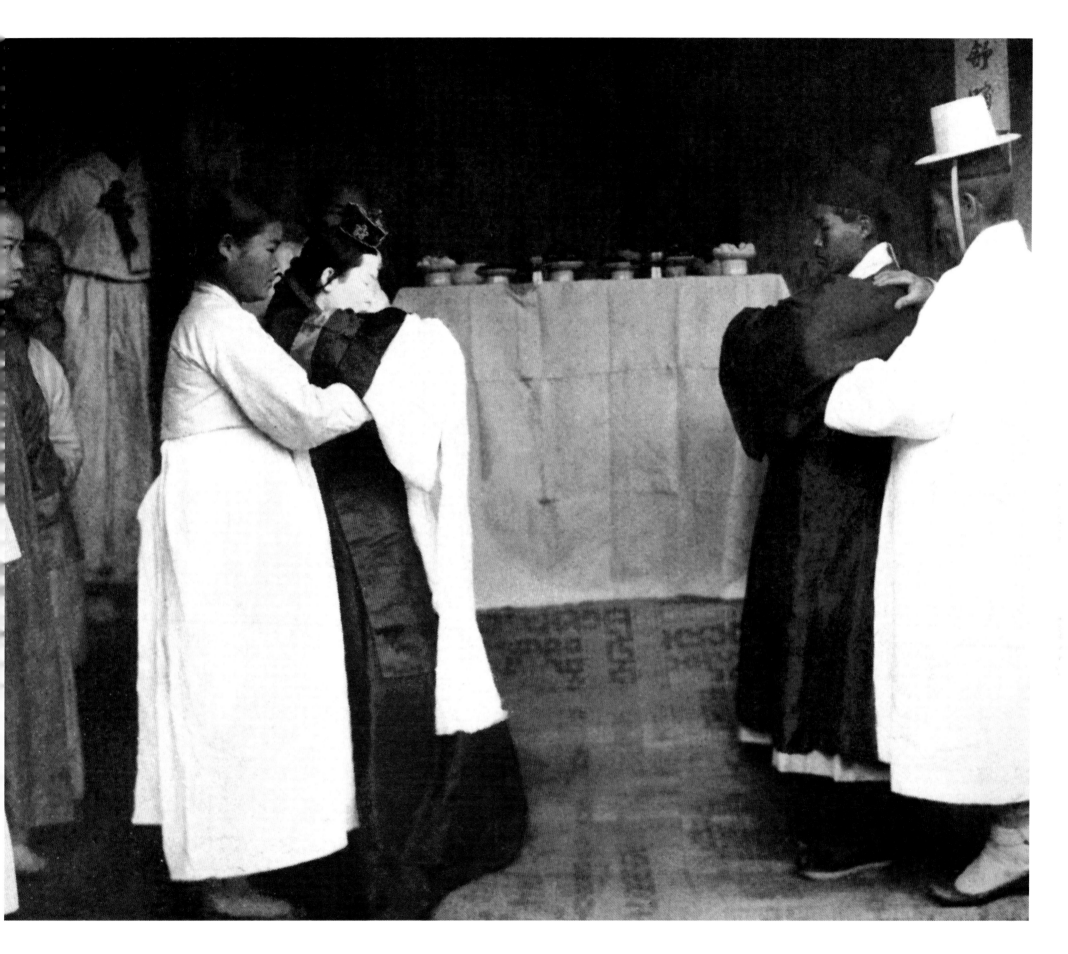

전통 혼례

A traditional wedding

伝統的な婚礼

傳統婚禮

민간의 전통과 풍속

Traditional Customs

民間伝統の習俗

民間傳統習俗

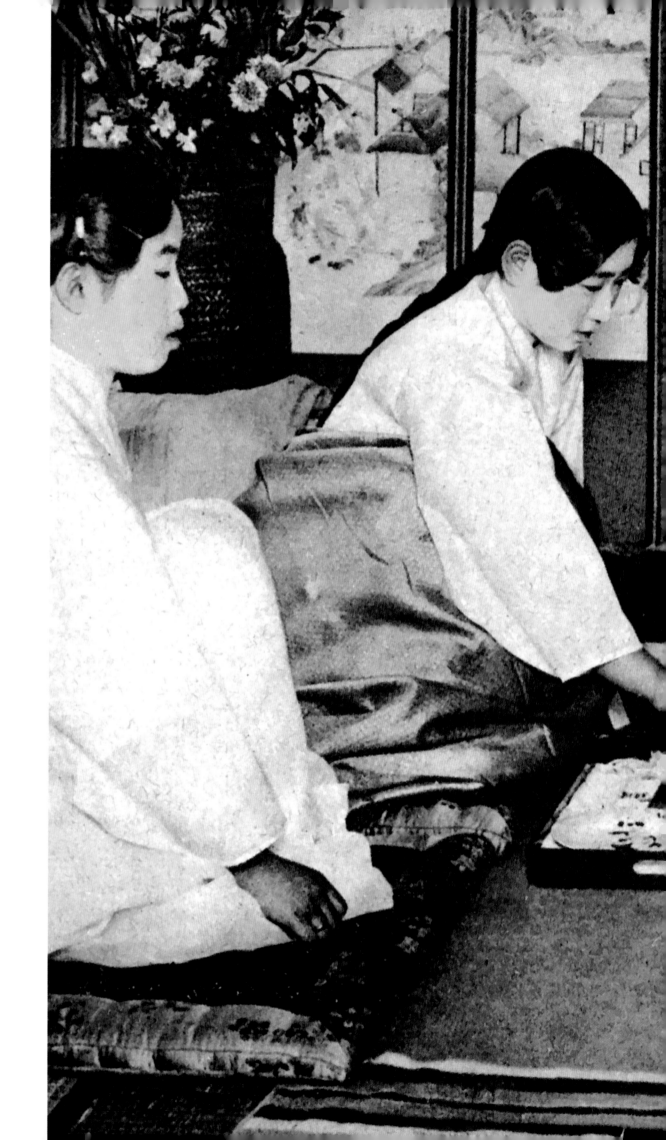

그림을 그리는 기생들

Courtesans engaged in calligraphy and
painting

妓生が揮毫した作品

妓生揮毫作畫

부잣집 장례

Funeral in a wealthy family

富裕層の葬儀

富貴人家的喪禮

붓 가게

An old-style stationery store

旧式の筆屋

舊式筆屋

무당과 박수

A Korean shaman

朝鮮の巫女（シャーマン）

朝鮮的巫女

무당춤

Shamanic dance

巫女の舞踊

巫女的舞蹈

서울 인근 마을에서 벌어진 무당굿

A shamanic ritual in a village near Seoul

ソウル近郊の村落で行われるシャーマンの儀式

首爾附近村莊的巫教儀式

탈춤놀이

Rural masked theatre

仮面芝居

面具戲劇

대보름날 널뛰기

Rural girls play during the
Lantern Festival

元宵節に遊ぶノルティギ

元宵節的翹翹板遊戲

설빔을 입은 아이들

Children wearing new clothes for the Spring Festival

旧正月に新しい衣服を身にまとう子どもたち

春節穿新衣的兒童們

돌잔치

A birthday celebration for a toddler

幼児の誕生祝い

幼兒的慶生

농촌집 대문에 붙은 길한 문구

Auspicious couplets on the doors of rural houses

農家の入り口の開運の字聯

農村房屋大門的開運字聯

부잣집 여인들의 활쏘기 시합

An archery competition among women
from affluent families

富裕層家庭の婦女の弓取り競技

富裕家庭婦女射箭競技

생산과 상업활동

Production and Commerce

生産と商業の活動

生產與商業活動

양잠업 실습소 여성들

Women working at silk farming

女子養蚕業の実習所

女子蠶業的實習所

전통 관개 모습

Traditional water irrigation

伝統的な引水灌漑

傳統引水灌漑

담배 재배

Tobacco cultivation

タバコ栽培

煙草種植

밭 옆 시냇물에서 세척 작업 하는 농부

Doing laundry by the river

田辺で渓水を使った洗浄作業

田邊的溪水洗滌工作

도자기 공방

Pottery kiln

製陶の窯場

製陶的窯場

도자기 제작

Pottery making

製陶作業

製陶作業

종이 제조

Pulping paper

パルプの製造

紙漿製造

종이 제조

Pulping paper

パルプの製造

紙漿製造

인삼 건조

Drying ginseng

人参を干して乾かす作業

人参曬乾作業

옹기상

Pottery trade in the countryside

農村における焼き物や甕の売買

農村陶甕買賣

농촌의 일소

Oxen tilling the fields

農村で耕作に使われる牛

農村耕牛

논과 아낙네

Paddy fields in the countryside

農村の水田

農村水稻田

인삼 선별 작업

Selecting ginseng

人参の精選作業

人参精選作業

생선 분류 작업

Sorting the daily catch

漁獲の整理

漁獲的整理

부업으로 돗자리 짜는 농민

Farmers weaving straw mats as a sideline

副業でゴザを編む農民

農民編草蓆的副業

건어물 작업장 (P.84)

Fishing by the riverbank

河辺で魚を捕まえる

河邊的捕魚

고추 빻기

Crushing chili peppers

唐辛子を砕く作業

搗碎辣椒的工作

떡 만들기 (P.86)

Making traditional snacks

伝統的な松餅作り

傳統松餅的製作

돌을 이용해 쌀 빻기

Sifting rice with stones

大小の石を使って米を研ぐ

用大小石頭淘米

도자기 시장

Pottery market

陶器市場

陶器市場

베 짜기

Weaving silk from silkworms

絹織物

蠶絲的編織

곡물 수확

Harvesting grain

穀物の収穫

穀物收割

절구에 곡물 빻기

Grinding grain

穀物の粉砕

搗碎穀物

압록강의 벌목 작업

Timber industry along the Yalu River

鴨緑江の岸辺の伐採作業

鴨綠江邊的伐木事業

방물 노점상

Street vendors selling daily necessities

街角の日常用品の物売り

街邊的日常用品攤位

모자 장수

Hat merchants

帽子商人

帽子商人

빨랫방망이 장수

Sale of laundry sticks

物干し竿の販売

洗衣棒販賣

엿장수

Street vendors selling sweets

街角でスイーツを売る物売り

街邊販賣甜食的小販

바구니 장수
(P.100)

Basket sellers

籠売り

販賣籠子

미곡상

Rice market

米市場

米市場

미곡상
Rice shop
米屋
米店

대구 약령시

Medicinal herb market in Daegu

大邱の薬材マーケット

大邱的藥材市集

전통 죽제품과 목제품 가게

Traditional bamboo and wooden tool stores

伝統的な竹編と木製用品の店

傳統竹編和木製用具商店

유기 장수

Metalware vendors

金属製用品の物売り

金屬製用品攤販

전당포

Traditional pawnshops

伝統的な質屋

傳統當舖

약방
———
Traditional pharmacies

伝統的な薬屋

傳統藥房

부동산중개업을 겸한 주류 가게

A combination property agency and liquor store

不動産業者と酒屋が併用する店舗

房屋仲介與酒鋪併用商店

도시의 변화

Changing Cities

変わりゆく都市

改變的城市

경복궁과 신축 조선총독부 건물

Gyeongbokgung Palace after the demolition of Gwanghwamun

光化門を除いた後の景福宮

光化門拆除後的景福宮

일제 침략 후 변화한 서울

Transformed Seoul

改造されたソウル

被改造的首爾

사람들의 삶

People's Life

庶民の生活

庶民的生活

부잣집 가족사진

A wealthy family

富裕層の家庭の写真

富裕家庭的合影

농가의 아이들

Children from farming families

農家の子どもたち

農家的孩子們

움막집의 빈민

Poor people living in tents

貧しい土幕民(スラム住民)

貧窮的土幕居民

마당에서 널뛰기

Playing on a springboard in the courtyard

院落内のノルティギ遊び

院落內的跳板遊戲

옹기 장수 (P.128)

Selling water jars

水瓶売り

水缸販賣

전통 가마에 탄 여인

Traditional sedan chair

伝統的な駕篭

傳統的轎子

삿갓 수선상

Repairing barrels on the street

街角の桶修理

街邊修繕桶子

산길 이정표

Road signs in the mountains

山の上の道しるべ

山上的路標

한강의 나룻배

Ferry on the Han River

漢江の渡し船

漢江渡舟

한강 얼음 위의 잉어 낚시

Ice fishing for carp in the Han River

凍った漢江で鯉釣り

漢江冰中釣鯉魚

푸줏간

Butcher shop

肉屋

肉舖

떡과 엿을 파는 아이들

Children selling pastries and sweets

菓子を売る児童

販賣糕點甜食的兒童

비석에서 노는 아이들

Children playing on a
monument

功勳碑で遊ぶ子どもたち

功勳碑上玩耍的孩子們

기생집 아이들의 놀이

Courtesan girls playing
games

遊びに興じる妓生の女児

玩遊戲的妓生女童

외딴섬의 여인

Women from outlying
islands

外島の女子

外島的女子

머리에 물동이를 인 여인

Women carrying water
jars on their heads
頭上に水ガメを乗せた婦女
頭頂扛水缸的婦女

대동강에서 물을 긷는 남성 (P.140)

Men fetching water from the Tumen River

大同江で水をくむ男子

大同江取水的男子

물 긷는 여인

Women fetching water

水をくむ女子

取水的女子

도시의 달구지

Ox carts in the city

市内の牛車

市內的牛車

단옷날 잘 차려입은 신부

Bride dressed up for the Dragon
Boat Festival

端午節に盛装した新婦

端午節盛裝的新娘

평민 부부의 복장

Attire of commoner couples

平民夫妻の装い

平民夫妻的穿著

강물에 술병 차게 만들기

Cooling wine jars in the river

川で酒瓶を冷ます

川中冷却酒壺

팽이치기

Playing with tops

独楽遊び

玩陀螺

나귀를 탄 남성

Man riding a donkey

ロバに乗る男子

騎驢的男子

말에서 내려 산에서 쉬는 나그네들

Travelers resting their horses in the mountains

山間で馬から下りて休息する旅人

山間下馬休息的旅人

성문 그늘에서 더위 식히기

Cooling off in the shade near city gates

城門の陰で涼を取る

城門陰暗處乘涼

빨래하는 아낙네들

Laundry by the riverbank

川辺の洗濯

江邊的洗衣

솥땜장이

Repairing pots on the street

街角の鋳掛屋

街邊修理鍋子

주막의 마구간

Stables at an inn

旅館の厩舎

旅店的馬廄

김장 (P.157)

Pickling food

漬け物

醃漬食物

나물 캐기

Gathering wild edible plants

野草の採収

採集野生食用植物

야외에서 식사하는 노동자 가족 (P.159)

Working-class family dining outdoors

屋外で食事する労働者家庭

工人家庭戶外用餐

마당에서 식사하는 가족

Farmers dining outdoors

屋外で食事する農民

農民戶外用餐

갈퀴질하는 아이들

Children gathering fallen leaves

落ち葉を集める児童

採集落葉的兒童

산골 농가

Mountain farmers

山のなかの農戸

山裡的農戶

함경도 북청(p.164-165)

Pukch'ǒng, Hamgyǒng-to Province(p.164-165)

咸鏡道北青(p.164-165)

咸鏡道北青(p.164-165)

산골 마을

Villages in the mountains

山のなかの村落

山裡的村落

압록강의 벌목업

Timber industry along the Yalu River

鴨緑江の岸辺で木材の伐採。

鴨緑江邊伐木業。

백두산의 벌목업 (P.169)

Timber industry in Baekdu Mountain

白頭山の伐採業。

白頭山伐木業。

백두산의 조선인 벌목공들

Korean workers in the timber industry in Baekdu Mountain

白頭山で樹木を伐採する朝鮮の労働者。

白頭山伐木業的朝鮮工人。

농촌의 집들

Houses in the Villages

農村の住宅

農村的住家

하회마을 류시만 씨 자택
(안뜰로 통하는 문 입구)

Main entrance of the Won family
courtyard in Hahoe Village

河回洞柳時万氏の家族院落正門

河回洞柳時萬氏家族院落正門

화회마을 류씨 자택의 사당

Shrine of the Won family courtyard in
Hahoe Village

河回洞柳氏の住宅院落祠堂

河回洞柳氏住家院落祠堂

하회마을 류씨 자택의 곳간과 행랑채

Warehouse and servants' quarters of the Won family courtyard in Hahoe Village

河回洞柳氏院落倉庫と使用人の部屋

河回洞柳氏院落倉庫和下人房

하회마을 류씨 자택의 본채와 대청마루

Front view of the main hall of the Won family courtyard in Hahoe Village

河回洞柳氏院落大堂正面

河回洞柳氏院落大堂正面

상신리 장씨 자택의 사랑채

Side room of the Jang family residence in Sangsin-ri

上新里張氏の住宅廂房

上新里張氏住家廂房

상신리 장씨 자택의 안방과 부엌

Inner rooms and kitchen of the Jang family residence in Sangsin-ri

上新里張氏の住宅内房と厨房

上新里張氏住家內房和廚房

상신리 장씨 자택의 손님방

Guest room of the Jang family residence in Sangsin-ri

上新里張氏の住宅の客間

上新里張氏住家客房

상신리, 상하리, 하하리 마을 전경

Panoramic view of the villages in Sangsin-ri

上新里上下里および下下里の全景

上新里上下里及下下里全景

상신리 장씨 자택의 사당

Shrine in the Jang family residence in Sangsin-ri

上新里張氏の住宅の祠堂

上新里張氏住家祠堂

죽림포 어민의 집

Main house of a fishing family in Juklimpo

竹林浦の漁師の正堂

竹林浦漁家正房

죽림포 마을

Village of Juklimpo

竹林浦の村落

竹林浦村落

장동리 서촌 농민의 집

Farmer's residence in Changdong-ri West Village

長洞里西村の農民の住宅

長洞里西村農民住家

갈둔리 농민의 집

Farmers in the village of Gatun-ri

葛屯里の農民村落

葛屯里農民村落

유구리 한씨 자택의 본채와 앞뜰

Main house and front yard of the Han family residence in Yugur-ri

維鳩里漢氏の住宅正堂と前庭

維鳩里漢氏住家正房與前庭

유구리 전경

Panoramic view of Yugur-ri

維鳩里の全景

維鳩里全景

구석동 우씨 가족

Woo family in Gwiseok-dong

亀石洞呉氏の家族

龜石洞呉氏家族

조선 시대 사람들

People in the Joseon era

朝鮮の人物

朝鮮人物

대신

Minister

大臣

大臣

무관의 전통 복장

Military officer in traditional attire

旧武臣装

舊武臣裝

금관예복

Attire with gold headgear

金冠礼装

金冠禮裝

무관의 예복

Military officer in ceremonial attire

旧武官礼装

舊武官禮裝

금관통장

Attire with gold headgear and accessories

金冠通裝

金冠通裝

문관의 복장

Attire for civil officials

文臣平裝

文臣平裝

198

상복

Funeral coat

喪服

喪服

신부의 하녀들

New bride

新婚の侍女

新婚侍女

신부복

Bridal attire

新婚の装

新婚裝

관원의 딸

Official's daughter

官女

官女

관기

Courtesan to the officials

官妓

官妓

무용복을 입은 관기

Courtesan to the officials in dance attire

官妓の踊りの衣装

官妓舞裝

고관의 외출

Gentleman going out

紳士の外出

紳士外出

여인들

Lady

女丁

仕女

성장한 여인

Finely dressed lady

盛装した女丁

盛裝仕女

승려

Monk

僧侶

僧侶

양갓집 딸

Wealthy girl

富裕層の女児

富家女童

양갓집 여인

Wealthy girl

富裕層の子女

富家女子

양갓집 여인

Wealthy girl

富裕層の子女

富家女子

양갓집 여인

Wealthy girl

富裕層の子女

富家女子

양갓집 여인

Wealthy girl

富裕層の子女

富家女子

양갓집 여인들

Wealthy girl

富裕層の子女

富家女子

양갓집 여인

Wealthy girl

富裕層の子女

富家女子

양갓집 여인

Wealthy girl

富裕層の子女

富家女子

양갓집 여인들

Wealthy girl

富裕層の子女

富家女子

쉬충마오(徐宗懋, Hsu Chung Mao)

이 책을 엮은 쉬충마오는 20년 동안 기자로 활동했습니다. 그는 이라크-팔레스타인 분쟁, 미국의 리비아 폭격, 엘살바도르와 니카라과 내전을 최전선에서 취재했습니다. 현재는 Nueva Vision Co, Ltd(新世語文化有限公司)의 대표이며, 타이완의 쉬충마오스튜디오(徐宗懋圖文館, Hsu Chung Mao Studio)와 중국의 진풍스튜디오(秦風老照片館, Qin Feng Studio) 이름으로 작품을 출판하고 있습니다.

최근 몇 년간 그는 시민 교육과 문화 탐구를 장려하고, 오래된 사진을 최근 역사에 직접 접할 수 있는 중요한 자료로 홍보하기 위해 최근 세계사를 딤은 이미지를 수집해 왔습니다.

일러두기
– 이 책에 실린 사진 설명과 색 복원 작업은 쉬충마오 스튜디오에서 진행했습니다.
– 정확한 설명과 복원을 위해 많은 자료를 비교하고 검토했으나, 일부 오류가 있을 수 있습니다. 추후 바로잡을 예정입니다.

당신이 보지 못한 희귀 사진 2
전통과 사람들

초판 1쇄 발행 2024년 7월 5일

엮은이	쉬충마오스튜디오
펴낸이	이영선
편집	이일규 김선정 김문정 김종훈 이민재 이현정
디자인	김회량 위수연
독자본부	김일신 손미경 정혜영 김연수 김민수 박정래 김인환

펴낸곳 서해문집 | 출판등록 1989년 3월 16일(제406-2005-000047호)
주소 경기도 파주시 광인사길 217(파주출판도시)
전화 (031)955-7470 | 팩스 (031)955-7469
홈페이지 www.booksea.co.kr | 이메일 shmj21@hanmail.net

ISBN 979-11-92988-65-8 04910
ISBN 979-11-92988-63-4 (전3권)

Tradition and People

Produced by | Hsu Chung Mao Studio

Published by | NUEVA VISION CO., LTD

Chinese | Hsu Chung Mao

Korean | Byeong-Gug Woo

Japanese | Honda Yoshihiro

Art Director | Cali Jiang

Digital color restoration | Hsu Tan Yu、Zhi Syuan Lin、Amy Lee、Cali Jiang、Jiang,Qi-Sheng

Address | 5F-2, No. 125, Sec. 3, Roosevelt Rd., Da'an Dist., Taipei City 106609 , Taiwan (R.O.C.)

Landline | (02)2368-4364

Fax | (02)2368-4207

Email | shu4364@ms62.hinet.net

Published in | June, 2024

ISBN | 979-11-92988-65-8 04910

ISBN | 979-11-92988-63-4 (Three Volumes)

Printing House | SHANGHAI PRINTING WORKS CO., LTD.

No. 71, Danuan Rd., Tucheng Dist., New Taipei City 236041, Taiwan (R.O.C.)

Landline | (02)2269-7921

Fax | (02)2269-7924